CELEBRANDO NUESTRAS COMUNIDADES

# CELEBRANDO TODAS LAS FAMILIAS

POR ABBY COLICH

BLUE OWL
EN ESPAÑOL

# TIPS PARA LOS MAESTROS Y LOS PADRES DE FAMILIA

El aprendizaje social y emocional (SEL, por sus siglas en inglés) les ayuda a los niños a manejar sus emociones, aprender cómo sentir empatía, crear y lograr metas, y tomar buenas decisiones. Las lecciones y el firme apoyo en SEL ayudarán a que los niños establezcan hábitos positivos en la comunicación, cooperación y en la toma de decisiones. Mediante la incorporación de SEL en la lectura temprana, los niños aprenderán la importancia de aceptar y celebrar a todas las personas en sus comunidades.

## ANTES DE LA LECTURA

Hable con los lectores acerca de las familias. Pregúnteles qué creen ellos que es una familia.

**Analicen:** ¿Cuál es una de las maneras en que tu familia se parece a otra que conoces? ¿Cuál es una de las maneras en que tu familia es diferente?

## DESPUÉS DE LA LECTURA

Hable con los lectores acerca de las maneras en que ellos pueden celebrar con los demás lo que distingue a su familia de otras.

**Analicen:** Menciona una de las maneras en que puedes celebrar a tu familia. ¿Cómo puedes aceptar a otra familia? ¿Por qué es bueno para los miembros de una comunidad que se acepten entre ellos?

## LA META SEL

Los niños pueden tener una comprensión floja de la aceptación. Hable con los lectores acerca de la importancia de la empatía en el proceso de aceptación y celebración de las diferencias que existen en los demás. ¿Se han sentido excluidos por tener una familia diferente? ¿Cómo se sintieron? Si no han experimentado esto, pídales que imaginen lo que se siente. Haga una lista de estos diferentes sentimientos. Luego, pídales que anoten los sentimientos que ellos tienen cuando son incluidos y aceptados. Explíqueles que nuestras comunidades son mejores cuando todos son aceptados e incluidos.

# TABLA DE CONTENIDO

# CAPÍTULO 1

# MUCHOS TIPOS DE FAMILIAS

¿Quién compone tu familia? ¿Tienes pocos o muchos miembros familiares? Las familias pueden ser grandes o pequeñas. Cada familia es diferente. No existe una manera equivocada de ser familia.

Hay familias de todos los tamaños, las edades y los tipos en cada **comunidad**. ¡Cada familia también tiene su propia comunidad!

La gente en una familia está **relacionada** entre sí. Algunos están relacionados por sangre. Otros están relacionados por **matrimonio** o **adopción**. Algunas familias están **mezcladas**. No importa cómo se haya formado una familia. Todas las familias forman parte de una comunidad.

## LAS FAMILIAS CAMBIAN

Las familias pueden cambiar. Nuevos niños nacen, y la gente muere. Las parejas pueden casarse o **divorciarse**. Todos estos eventos crean nuevas familias.

Tu **familia nuclear** puede no ser muy distinto de tu familia. Tu familia nuclear está compuesto por personas con las que vives. Vanessa vive con una **familia adoptiva**. Ella tiene otros miembros familiares con quienes no vive.

Eva vive con su mamá la mitad del tiempo y con su papá la otra mitad del tiempo. Ella es parte de dos familias nucleares.

## COMO FAMILIA

¿Alguna vez has escuchado la frase "como familia"? Algunas personas pueden no estar relacionadas contigo, pero tú sientes que forman parte de tu familia. Tú las quieres y pasas mucho tiempo con ellas. ¡Puede que hasta vivan contigo! Son "como familia".

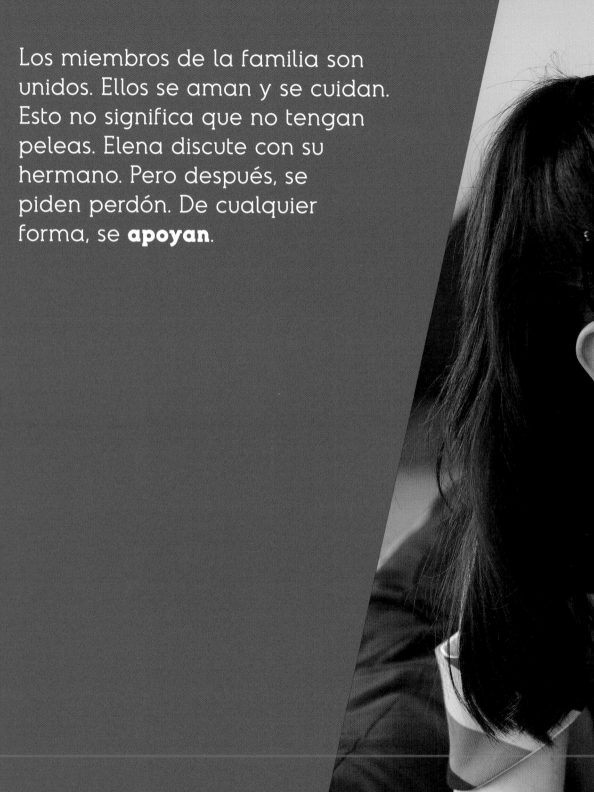

Los miembros de la familia son unidos. Ellos se aman y se cuidan. Esto no significa que no tengan peleas. Elena discute con su hermano. Pero después, se piden perdón. De cualquier forma, se **apoyan**.

# CAPÍTULO 2

# TEN RESPETO POR TODAS LAS FAMILIAS

Respetamos a todos nuestros miembros familiares. También debemos respetar a otras familias, aunque se vean distintas de las nuestras. Lucy vive con sus abuelos. Juntos, componen una familia pequeña. Ella no tiene hermanos.

¡Juan tiene muchos hermanos! Estas familias son distintas, pero las tratamos de la misma forma. Ninguna familia es mejor que otra.

Respetamos a otras familias demostrándoles **empatía**. Esto significa tratar de entender cómo alguien se siente. Maya es hija única. Mark le pregunta acerca de eso. Él trata de imaginar lo que se sentiría no tener hermanos. Él invita a Maya a su casa. ¡Todos juegan juntos!

Cuando te tomas el tiempo para saber más acerca de otras familias, puede que te des cuenta de que son más parecidas a la tuya de lo que pensabas. Javier es nuevo en su escuela. ¡Te enteras de que su familia también va a la piscina los fines de semana! Tu familia invita a su familia para que se encuentren ahí. ¡Qué divertido!

# CAPÍTULO 3

# CELEBRA TODOS LOS TIPOS DE FAMILIAS

La vecina de Clara es una madre soltera. Clara ayuda a su familia. Ella acompaña a los niños menores a la escuela. ¡Ella también los cuida!

Las familias pueden lograr mucho más cuando trabajan juntas. Una enorme tormenta dañó el vecindario de Tom. Todas las familias ayudan a limpiar. Cada persona en su comunidad ayuda de alguna forma, sin importar cómo se vea su familia.

Cuando las familias llegan a conocerse bien, es más probable que se acepten entre sí. Se siente bien cuando nos aceptan. Cuando todos se aceptan y se llevan bien, podemos lograr muchas cosas. ¿Cómo celebras a tu familia y a las familias en tu comunidad?

## ¿CÓMO PUEDES AYUDAR?

¿Hay alguna pareja mayor o una familia cerca de ti? Podrías ofrecer cargarles las compras del supermercado o pasear a su perro. ¡Podrías ofrecer ayudarles con algún trabajo de jardinería!

# METAS Y HERRAMIENTAS

## CRECE CON LAS METAS

Aceptar a todas las personas, sin importar cómo sea su familia, es importante. Enfocarse en las cualidades positivas de las personas te ayudará a ser más tolerante.

**Meta:** ¿Qué hace que tu familia o tu familia nuclear sean únicos? ¿Cuáles son las cosas que a tu familia o a tu familia nuclear les gusta hacer en conjunto?

**Meta:** Recuerda algún momento en que hayas sentido empatía por alguien. Si no se te ocurre nada, trata de encontrar un momento en el que puedas practicar la empatía. ¿Ves a alguien que parece estar triste? Pregúntale cómo se siente y por qué.

**Meta:** Conoce mejor a alguien con quien no hayas hablado mucho en el pasado. Trata de encontrar algo que ustedes tengan en común o que a los dos les guste.

## REFLEXIÓN ESCRITA

Aceptarte puede ayudar a que aceptes más a quienes te rodean.

1. Menciona una cosa que te guste de tu familia.

2. ¿Cuál es una de las cosas de tu familia que te gustaría mejorar?

3. ¿Cuál es una de las cosas que puedes hacer para aceptar más a los demás?

# GLOSARIO

**adopción**
La acción legal de criar al hijo biológico o a la hija biológica de otra persona como si fuera de uno.

**apoyan**
Dan ayuda, consuelo o estímulo a alguien o algo.

**comunidad**
Un grupo de personas que tienen todas algo en común.

**divorciarse**
Dejar de estar casados porque el matrimonio se ha terminado legalmente.

**empatía**
La habilidad para entender y ser sensible a los pensamientos y sentimientos de los demás.

**familia adoptiva**
Una familia que trae a un niño o una niña a su hogar por un tiempo para cuidarlo o cuidarla.

**familia nuclear**
Toda la gente que vive en un hogar.

**matrimonio**
Una relación legal en la que dos personas están unidas como cónyuges.

**mezcladas**
Las familias mezcladas consisten de una pareja y los hijos que tengan de un matrimonio anterior.

**relacionada**
Que pertenece a la misma familia.

## PARA APRENDER MÁS

**FACT SURFER**

### Aprender más es tan fácil como contar de 1 a 3.

**1.** Visita www.factsurfer.com

**2.** Escribe "**celebrandotodaslasfamilias**" en la caja de búsqueda.

**3.** Elige tu libro para ver una lista de sitios web.

# ÍNDICE

Blue Owl Books are published by Jump!, 5357 Penn Avenue South, Minneapolis, MN 55419, www.jumplibrary.com

Copyright © 2021 Jump! International copyright reserved in all countries. No part of this book may be reproduced in any form without written permission from the publisher.

Library of Congress Cataloging-in-Publication Data

Names: Colich, Abby, author.
Title: Celebrando todas las familias / por Abby Colich.
Other titles: Celebrating all families. English
Description: Minneapolis: Jump!, Inc., [2021]
Series: Celebrando nuestras comunidades | Includes index.
Audience: Grades 2–3
Identifiers: LCCN 2020023924 (print)
LCCN 2020023925 (ebook)
ISBN 9781645276739 (hardcover)
ISBN 9781645276746 (paperback)
ISBN 9781645276753 (ebook)
Subjects: LCSH: Families–Juvenile literature.
Classification: LCC HQ744 .C6518 2021 (print) | LCC HQ744 (ebook) | DDC 306.85—dc23

Editor: Jenna Gleisner
Designer: Michelle Sonnek
Translator: Annette Granat

Photo Credits: Pollyana Ventura/iStock, cover; Dean Mitchell/iStock, 1; JohnnyGreig/iStock, 3; Africa Studio/Shutterstock, 4; CGN089/Shutterstock, 5; DNF Style/Shutterstock, 6–7; fstop123/iStock, 8–9; triloks/iStock, 10–11; AVAVA/Shutterstock, 12; Don Mason/Getty, 13; FatCamera/iStock, 14–15; kali9/iStock, 16–17; Cultura RM/Alamy, 18; Robert Blouin/Shutterstock, 19; Monkey Business Images/Shutterstock, 20–21.

Printed in the United States of America at Corporate Graphics in North Mankato, Minnesota.